Wolfgang Gründer

AUGENBLICKE DIE NICHT VERBLASSEN

Haikus dichten pragmatisch betrachtet

Bibliografische Information der Deutschen Nationalbibliothek: Die Deutsche Nationalbibliothek verzeichnet diese Publikation in der Deutschen Nationalbibliografie; detaillierte bibliografische Daten sind im Internet über: http://dnb.d-nb.de abrufbar.

Rotkiefer Verlag
www.rotkiefer-verlag.de
kontakt@rotkiefer-verlag.de

Autor: Wolfgang Gründer

Satz- und Covergestaltung:
Stephanie Mattner

Covergrafik © Elina Li (shutterstock.com)
Grafik der Innendeckblätter © Julia Dreams

Druck und Distribution: BoD.de

ISBN: 978-3-949029-08-0

INHALT

Wie ich zum Haiku kam

Anfang der 2000-er Jahre wollte ich aus beruflichen Gründen die estnische Sprache erlernen. Ich fand hier in Berlin eine gebürtige Estin, die es auf sich nahm, mich in Privatstunden in dieser etwas gewöhnungsbedürftigen, sehr ungewohnten, aber interessanten Sprache zu unterrichten.

Nach den üblichen Einstiegsübungen, Vokabeln, Grammatik, Small Talk sowie leichterer und schwererer Literatur vermisste ich einen noch kreativeren Umgang mit der Sprache.

Ich dachte mir, wir könnten auch Literatur eines anderen Kulturkreises ins Estnische übersetzen. Mir war eine Sammlung mit Haikus[1] in die Hände gefallen und Irina Metzke war von der Idee begeistert, Haikus, die schon die

1 D. Krusche: Haiku – Japanische Gedichte

Übersetzung aus dem Japanischen ins Deutsche hinter sich hatten, nunmehr noch in die estnische Sprache umzusetzen.

Danke, Irina Metzke, für die Offenheit und die Freude diesem Ansinnen gegenüber. Ich weiß, es hat uns beiden Spaß gemacht und wir haben viel mitgenommen.

Danach vertiefte ich mich in gängige Haiku-Literatur, bis ich über den Kontakt zur Deutschen Haiku-Gesellschaft mehr und mehr Spaß am Verfassen eigener Haikus fand.

Oft hörte ich, wenn ich davon erzählte, dass ich mich mit Haikus beschäftige:

> „Haikus? Das sind doch diese dreizeiligen japanischen Texte, fünf – sieben – fünf Silben!?“

Zu Beginn skizziere ich mal einige theoretische Grundlagen. Ich werde dann meine Sichtweise und Erfahrungen bezüglich der pragmatischen Aspekte des Haiku-Dichtens darlegen. Vielleicht regt Sie das ja zu Ihrer eigenen Haiku-Praxis an!

Haiku-Praxis vollzieht sich bei mir im Schreiben und Diskutieren selbst geschriebener Haikus.

Einmal im Monat treffen sich Interessierte, überwiegend Mitglieder der Deutschen Haiku-Gesellschaft aus Berlin und Umgebung, gegebenenfalls auch online. Wir tauschen uns über unsere Werke der letzten Wochen aus, erörtern Sinnfragen und Formulierungen, suchen Präzisierungen im Ausdruck.

Im Gespräch entstehen Verbesserungs- und Änderungsvorschläge. Wenn der betreffende Autor diese akzeptiert, gelten sie dann ebenfalls als sein Werk.

Die Haiku-Praxis ist auch ein spannender persönlicher Entwicklungsprozess.

Haikus zu schreiben sehe ich als Chance, sich selbst in Frage zu stellen, ohne dabei einen Verlust zu erleiden.

Haiku-Dichtung ist ein Prozess, der im Laufe der Zeit Entwicklungen unterworfen war. Auch gegenwärtig finden sich viele experimentelle Strömungen.

Einschätzungen von Haikus als „gut“, „hervorragend“, „mittelmäßig“, „unmöglich“, sind ohnehin subjektiv. Solche Einschätzungen hängen nicht nur vom Haiku, sondern auch vom Beurteiler ab.

Es gibt Kriterien, denen ein „Dreizeiler“ genügen muss, um als Haiku bezeichnet zu werden. Ich werde mich auf einige allgemein anerkannte, aus der klassischen Haiku-Dichtung heraus begründete Kriterien beziehen. Nach diesen Kriterien unterscheidet sich ein Haiku deutlich von der oft unter diesem Begriff wahrgenommen 17-silbigen, auf drei Zeilen verteilten Lyrik.

Haiku – ein wenig Theorie

Vor der Haiku-Praxis mache ich einen kleinen Abstecher in die Theorie, um dann besser einige praktische Erläuterungen und Hinweise verstehen zu können.

Zunächst kläre ich das Missverständnis, dass die Silbenbindung für die drei Zeilen des ursprünglichen japanischen Haikus in allen Sprachen unabdingbar sein muss.

Im Japanischen werden je nach Gebrauchszweck unterschiedliche Schriften verwendet. Die Wörter der japanischen Sprache bestehen bis auf wenige Ausnahmen aus gleich langen Einheiten, den Moren (Singular Mora). Eine Mora wird in den japanischen Schriften durch ein Zeichen dargestellt.

Es gibt viele Sprachen, die aus mehr oder minder silbenreichen Wörtern bestehen. Beim

Übersetzen von Haikus aus der japanischen Sprache in eine andere ändert sich die Silbenstruktur. Auch weitere grammatikalische Eigenheiten der japanischen Sprache machen silbenerhaltende Übersetzungen nicht möglich.

Es macht für mich keinen Sinn, von vornherein bei der eigenen Gestaltung von Haikus sklavisch diese 5-7-5-Struktur anzustreben. Die Einschränkung, dass die Silbenstruktur nicht erhalten bleibt, gilt im Prinzip immer bei Übersetzungen zwischen unterschiedlichen Sprachen. Haiku-Dichtung wäre ein nationales, einsames Unterfangen, wenn man das 5-7-5-Prinzip als zentrales ansehen würde.

Um das Wesen des Haikus zu verstehen, ziehe ich statt formaler Kriterien inhaltliche heran.

Ich fand in deutschen Übersetzungen klassischer japanischer Haikus[2] übereinstimmende Kriterien.

Einmalige Ereignisse, die den Beobachter momentan beschäftigen und beeindrucken, bilden den Inhalt des Haikus.

---

2 E. Klopfenstein: Haiku – Gedichte aus fünf Jahrhunderten

Traditionell formuliert das japanische Haiku einen Bezug zur Natur, auch abgeschwächt durch die Schilderung der Umgebung des Geschehens. Dem wird oft durch die Andeutung einer Jahreszeit, aber auch durch Nutzung eines Jahreszeitenwortes, des *kigo*, Rechnung getragen. Im japanischen Haiku-Schaffen gibt es für Wörter, die als Jahreszeiten-Wörter gelten können, einen eigenen *kigo*-Katalog.

Mit einem Haiku bildet also ein Beobachter einen einmaligen, momentanen und konkreten, in einem Bezug zur Natur stehenden Vorgang ab. Dabei äußert sich im Japanischen ein erweiterter Naturbegriff.

Die aus dem Japanischen kommende Struktur des 5-7-5 überträgt man bei uns gern in die Maßgabe, dass ein Haiku kurz und möglichst nicht länger als 17 Silben sein sollte. Man hört oft, ein Haiku sollte in einem Atemzug vorgetragen werden können.

Somit ist das Haiku inhaltlich konkret und formal kurz. Ich vergleiche das Schaffen eines Haiku-Dichters gern mit dem eines Fotografen, der eine spontan auftauchende Situation mit einem Schnappschuss bannt.

Ein Haiku stellt nicht nur das Erleben des Dichters dar, es sollte so offen sein, dass es dem Lesenden oder Hörenden noch einen Interpretationsspielraum lässt. Man kann es so ausdrücken, dass ein Haiku den Eindruck hinterlassen sollte, noch nicht fertig zu sein.

Ein praktisches Beispiel

In Berlin findet regelmäßig am ersten Sonnabend des Monats September die „Antikmeile“ statt, eine Straßenveranstaltung in der Suarezstraße im Bezirk Charlottenburg-Wilmersdorf. Sie wird getragen von den dort ansässigen Geschäften, das sind viele Antiquitätengeschäfte, aber auch Galerien und Gastronomiebetriebe.

Ich bewege mich gern zwischen den Ständen, in der Menge der Interessenten, genieße die Stimmung zwischen Familienausflug, Schnäppchenjagd und ambitionierter Professionalität.

Das Angebot an Antiquitäten ist vielfältig, von Spielzeug über Schreibgeräte, Büro- und Küchenausstattung, Geschirr, Bücher, Kleidung, bis hin zu alten Möbeln und weiteren Einrichtungsgegenständen.

Da ist der Haiku-Moment spontan erfahrbar, die konkrete Situation, das momentane Empfinden, der Umgebungsbezug.

In den Gängen
der Antiquitätenmesse
Erinnerungen

Wie auch immer man diese Umgebung bezeichnet, auch ohne örtliche Präposition wird in der nächsten Fassung deutlich, dass die Beschreibung ein momentanes, konkretes Erleben erfasst.

Die aufsteigenden Erinnerungen konnte ich pointierter in ihrer Wirkung durch die Angabe einer konkreten Gefühlslage beschreiben.

Antikmeile
aus allen Ständen
atmet Wehmut

Dennoch haftet diesen Formulierungen für mich noch etwas von allgemeiner Beschreibung einer beliebigen Antiquitätenschau an.

Trödelmarkt
die Vergangenheit
holt mich ein[3]

Für mich wird der Ausdruck des momentanen, individuellen Erlebens jetzt noch stärker. Es wird sehr deutlich, dass es sich nicht um eine allgemeine Beschreibung von möglichen Gefühlsregungen auf Trödelmärkten handeln kann.

Dabei lässt der Bezug auf eine nicht beschriebene Vergangenheit genügend Spielraum für das Einbringen eigenen Erfahrens durch den Leser.

---

3 Sommergras 121, S. 52

Pragmatische Aspekte

Im einführenden Beispiel habe ich gezeigt, dass aus einer Haiku-Situation auf unterschiedliche Weisen ein konkretes Haiku werden kann. Mich reizt es immer, viele Ausdrucksmöglichkeiten für eine einzige Haiku-Situation zu finden.

Zunächst ist es das Spiel mit der Sprache, mit unterschiedlichen Bedeutungen einzelner Wörter, mit Bedeutungsschattierungen von Synonymen zum gleichen Begriff, das ich spannend finde.

Hinzu kommt die Variation der Satzstruktur, die einem bereits formulierten Haiku einen bislang nicht vermuteten literarischen Effekt geben kann.

Ich habe die Erfahrung gemacht, dass diese pragmatischen Überlegungen und Experimente nicht nur dazu beitragen, meine Haikus in eine

Form zu bringen, die ich für mich als Endform anerkennen kann. Sehr oft sind auch neue Haikus entstanden, die sich in der Aussage, auch im Aufforderungscharakter an den Leser, deutlich voneinander unterschieden haben.

Einer Gefahr möchte ich gleich vorbeugen. Wenn ich vom Spiel mit Sprache und Sprachstrukturen spreche, so denke ich an ganz pragmatische Hilfen, die bei der Entstehung und Formulierung von Haikus helfen können.

Haikus selbst sind keine Wortspielereien, auch keine Begriffs-, Sprach- oder Situationsrätsel. Die Ansprache an den Leser, die Offenheit zur Interpretation, zur Vervollständigung des Haikus, besteht nicht darin, dass der Leser erschließen oder gar erraten soll, was mit der Haiku-Situation eigentlich beschrieben wird.

Haikus sind auch keine Begriffsdefinitionen. Sogenannte „definitorische Haikus", ich gebe es zu, unterlaufen einem hier und da schon mal, oder gar nicht so gemeinte werden als solche interpretiert.

Direkt ausgesprochene Fragen, die auf konkrete Antworten drängen, sind ebenso nicht Gegenstand eines Haikus wie Formulierungen, die Lebenshilfe oder -regeln darstellen.

Haikus sind auch keine normalen Sätze mit einer Länge von 17 Silben, die man entsprechend der 5-7-5-Regel, möglicherweise auch noch inhaltlich sinnentstellt, auf drei Zeilen aufteilt.

Diese Möglichkeiten, ein „Nicht-Haiku" zu produzieren, sind von mir nicht ausgedacht, man findet sie zuweilen auch in renommierter Haiku-Literatur.

Ich werde an verschiedenen Beispielen aufzeigen, wie ich einen von mir momentan erfahrenen Vorgang inhaltlich konkret und formal kurzzufassen versucht habe, also versucht habe, einen Haiku-Moment in ein Haiku zu verwandeln.

Das Spiel mit Sprache und Struktur

Die deutsche Sprache bietet viele Möglichkeiten, Pointierungen scharf zu setzen, Bedeutungsinhalte knapp oder ausufernd zu formulieren oder zu variieren. Damit bietet sie eine gute Gewähr, in der für Haikus geforderten Knappheit die erwünschten, wesentlichen Aspekte formulieren zu können. Welche sprachlichen Möglichkeiten haben wir, um einem Haiku zu der Aussage zu verhelfen, die wir mit ihm erreichen wollen?

Wortarten und -formen verändern

Ich nehme Sie mit zu einem Abendspaziergang nach einem eher stressbetonten Tag. Wir erreichen einen Waldrand, genießen eine herrliche Ruhe.

Diesen Moment erfahren wir als Haiku-Situation, und in die von uns genossene Ruhe mischt sich das abendliche Zwitschern einer Vogelschar.

Welche Erfahrung wird für Sie vordergründig sein, die Stille oder das Zwitschern?

Werden Sie Letzteres als störend und die beruhigende Stille eher als dominierend empfinden?

Es gibt viele Nuancierungen, die das momentane Empfinden bewirken können, die es dann adäquat auszudrücken gilt.

Vogelgezwitscher
durchdringt die Stille
am Waldrand abends

oder

Vogelzwitschern
dringt in die Stille
am Waldrand abends

Wer hat hier die Oberhand in der Beobachtung, in der Empfindung?

Wie ändert sich dies, wenn wir stattdessen

Im Vogelzwitschern
die durchdringende Stille
abends am Waldrand

formulieren?

- ◇ Das Verb „durchdringt“ ist durch ein entsprechendes Adjektiv ersetzt worden.
- ◇ Das Vogelzwitschern verliert seine Dominanz.
- ◇ Die Stille des Waldrands bestimmt das Handeln.
- ◇ Stille, welche in der Lage ist, Lautheit zu dominieren, verschafft mit der Widersprüchlichkeit dem Haiku einen poetischen Reiz.

Die Stille lässt sich gegenüber dem Vogelzwitschern noch stärker pointieren.

Vogelzwitschern
durchdrungen von der Stille
am Waldrand abends

- Das entscheidende „durchdringen", jetzt wieder als Verb, ist im Passiv auf das Vogelzwitschern bezogen.
- Das „Vogelzwitschern" steht allein, mit dem verschwundenen „Im" entfällt die Sprachfuge in der ersten Zeile, die zweite Zeile gewinnt eine starke, elegante Rhythmisierung.

Lesen Sie beide Versionen für sich einfach mal laut und lauschen Sie, versuchen Sie auch, sich Ihren Atem- und Sprechrhythmus dabei bewusst zu machen.

Ich habe in der letzten Zeile die Wortfolge verändert. Damit klingt das Haiku mit einem „ds" aus und nicht so abrupt, wie mit dem harten „d" von „Waldrand".

Wenn wir nun das Wort „Waldrand" in der letzten Zeile personalisieren, ihn als agierend, als das die Stille Verursachende formulieren

Vogelzwitschern
durchdrungen von der Stille
des Waldrands abends

erhalten wir eine sehr bündige Variante.

Wir haben eine, auch rhythmisch überzeugende, letzte Zeile gewonnen. Jedes Wort endet da mit einem weichen s-Laut. Diese Lautmalerei im Wortausklang bestärkt den Eindruck von Stille und Unaufgeregtheit. Das kennen wir aus dem „sch-sch" oder „s-s-s", wenn wir Kinder beruhigen wollen.

Jetzt lässt sich sogar noch durch eine Ergänzung in der ersten Zeile

Das Vogelzwitschern
durchdrungen von der Stille
des Waldrands abends

oder für die erste Zeile wieder zurück zu

Vogelgezwitscher
durchdrungen von der Stille
des Waldrands abends

tatsächlich eine 5-7-5-Form des Haikus erstellen, ohne die Schlüssigkeit einer passablen Form des Haikus zu zerstören.

Mitunter gibt es die Möglichkeit, sich an Veröffentlichungen mit „Haiku“ genannten Dreizeilern zu beteiligen, wobei vom Veranstalter die Einhaltung des 5-7-5-Silbenschemas verlangt wird.

Nach meiner Erfahrung gewinnt ein einmal verfasstes Haiku durch „Aufblasen“ in diese Form jedoch nur selten an Ästhetik.

Erreichen der 5-7-5-Form als Übung

Ich habe es mir zur Gewohnheit gemacht, ab und zu ein Haiku, das ich in der Bearbeitung habe, spaßeshalber auf 5-7-5-Form zu bringen. Ich sehe es wie bei einer Sportart als Lockerungsübung. Mitunter entstehen weitere Formulierungsideen für die konkrete Bearbeitung, eventuell entsteht ein neues, ein anderes oder auch nur eine Idee für ein weiteres Haiku.

Kleiderbügel im Müll
welche Erinnerungen
trugen sie wohl

Das ist ein Haiku, auf das ich kam, als ich einmal auf einem Spaziergang Zeuge einer Wohnungsaufgabe wurde. Zur Veröffentlichung in einer Publikation[4] waren aber nur Dreizeiler im 5-7-5-Format zugelassen.

Also wurde daraus dann

Erinnerungen
an vergangene Tage
die Bügel im Müll.

Beide Haikus erfassen dieselbe Situation. Ein Stimmungswandel, ein Verlust an Wehmut

---

4 I. Cesaro: Erst im Nachhinein, S. 57

liegt zwischen dem ersten und zweiten Haiku. Aus der reflektierend gefühlsbetonten Schilderung einer Situation ist eine sachlich beschreibende geworden.

Enthält die erste der beiden Fassungen denn nicht eine Frage, wie sie nicht vorkommen soll? Die Frage widerspiegelt lediglich die reflektierende Haltung des Erzählenden. Das letzte Wort „wohl“ durch „einst“ ersetzt verwandelt die Frageform in eine fast bewundernde Aussage.

Kleiderbügel im Müll
welche Erinnerungen
trugen sie einst

Behalte ich beide bei, so verschleißt nach meinem Empfinden die letzte Zeile zu einem sprachlich holperigen, wenig eleganten Sprachgebilde.

Kleiderbügel im Müll
welche Erinnerungen
trugen sie wohl einst

Synonyme – Wortersetzungen

Ähnliche Wörter, Wortkombinationen mit leicht unterschiedlichen Bedeutungen oder Synonyme, können die Wirkung eines Haikus stark verändern. Wie allein die Abänderung eines einzigen Wortes die Interpretationsmöglichkeiten eines Haikus verändern kann, mag das folgende Beispiel zeigen.

Frühlingsgefühle
wie der Raps
schon verblüht[5/6]

Frühlingsgefühle
aber der Raps
schon verblüht

Frühlingsgefühle
und der Raps
schon verblüht

---

5 Sommergras 128, S. 39

6 www.haiku-hia.com/germany/128.html

Der Vergleich der beiden ersten Haikus zeigt, dass ein einziges verändertes Wort die Aussage völlig ins Gegenteil verkehren kann.

Das erste Haiku, ob reine Mitteilung, vielleicht auch Ausdruck von Bedauern, Wehmut, dass die eigenen Frühlingsgefühle nicht länger frisch blieben als die Blüten des Rapses, wird der Interpretation des Rezipienten überlassen.

Hingegen kennzeichnet das freudige Erstaunen, dass die Frühlingsgefühle offenkundig länger währen als das Blühen des Rapses, das zweite Haiku.

Einen etwas weiteren Interpretationsspielraum lässt das letzte der drei Haikus zu. Die kommentarlose Nennung des Subjekts belässt dem Wort „und“ eine Mehrdeutigkeit.

Einerseits kann dieses Wort wie üblich als Bindewort fungieren, sodass Frühlingsgefühle und Raps in ihrem Verblühen gleichwertig wie im ersten Haiku beschrieben werden, insbesondere, wenn man vor der dritten Zeile ein „auch schon“ mitdenkt.

Andererseits zeigt die dem Leser denkbare, aber unterbliebene Ergänzung eines „Noch" vor dem ersten Wort und eines „ist" nach dem „Raps", dass hier auch die Bedeutung im Sinne des zweiten Haikus interpretiert werden kann. Wenn dies tatsächlich so konkret formuliert sein würde, käme das Haiku für mich schon sehr in die Nähe eines einfach beschreibenden, fast banal anmutenden Satzes, einer Konstruktion, vor der ich zu Beginn gewarnt hatte.

Noch Frühlingsgefühle
und der Raps
ist schon verblüht

Ich will an dieser Stelle noch einmal betonen, dass Unterschiede zwischen „Haiku lesen" und „Haiku hören" bestehen. Erfahren Sie hier am Beispiel des dritten Haikus, wie stark man doch durch entsprechende Betonung die Interpretation durch den Zuhörer steuern kann.

Reduzierungen in der Formulierung

Silvester kennen wir als Grund zu ausgelassenen Feiern, pünktlich zu Mitternacht wird der Jahreswechsel gefeiert, üblich sind Glückwünsche und Anstoßen mit meist alkoholischen Getränken. Es gibt nun auch verpflichtende Einladungen, die man aus irgendwelchen Gründen nicht ausschlagen kann, bedauerlich.

Das erzeugt eine als unangenehm empfundene Situation, die vielleicht zu einem Haiku animiert.

Wenn sich dann sogar ein Gefühl von Abneigung einstellt, müssen feine Facetten und Abstufungen im Ausdruck formulierbar werden.

Testen Sie einfach mal, wie stark die Reduzierung in der Formulierung erfolgen kann, um den Widerspruch zwischen dem vordergründigen Jubel und der emotionalen Kälte, die dieser Situation innewohnen, deutlich zu machen.

Silvesterjubel
doch im Klirren der Gläser
spürt man nur Kälte

Silvesterjubel
im Klirren der Gläser
Kälte

Silvesterjubel
Gläser klirren
und Kälte

Silvesterjubel
Gläserklirren
in Kälte

Dieses Beispiel halte ich für gut geeignet für ein Experimentieren, das mit weiteren Wortkombinationen, Wortvertauschungen und kleineren oder größeren Ergänzungen oder Wortersetzungen weitere Haikus schaffen kann. Was geschieht allein dadurch, dass Silvesterjubel durch Silvester ersetzt wird?

Wo und wie bringt man jetzt den zur emotionalen Kälte kontrastierenden Jubel zur Sprache, da er nicht schon im „Jahreszeitenwort“ enthalten und damit konkret benannt ist?

Vielleicht formulieren Sie unabhängig von dieser Vorgabe einfach mal ein eigenes Silvester-Haiku?

Ich denke, dass jeder genügend konkrete, spontan aufgetretene Silvester-Erlebnisse haben wird.

Zeilen als Strukturelement

Wenn eine sprachliche Konstruktion nicht mehr als 17 Silben enthalten und sich dabei über drei Zeilen verteilen soll, bleibt wenig Spielraum für eine Veränderung der Satzstruktur. Gerade deshalb will ich die wenigen Möglichkeiten und deren Wirkungen beispielhaft aufzeigen.

Zeilentausch

Die einfachste Möglichkeit ist, die erste und die letzte Zeile zu vertauschen. Oft entsteht damit ein Spannungsbogen, der dem gerade formulierten Haiku einen besonderen Schliff gibt. Natürlich hängt auch diese Einschätzung von den Vorlieben des Dichters ab. Aber die letzte Zeile sollte, wann immer es möglich ist, eine Überraschung, einen Wegweiser in die durch den Rezipienten zu leistende Interpretation, bereit halten.

Zur Verdeutlichung des Effekts hier Beispiele zum Vergleich.

Drei Gänse
auf schneenasser Wiese
Weihnachtsspaziergang

Weihnachtsspaziergang
auf schneenasser Wiese
drei Gänse

Es scheint, dass in der ersten Version lediglich erzählt und erklärt wird, dass Gänse sich, überraschend genug, auf einem Weihnachtsspaziergang befinden.

Version zwei hingegen lässt offen, ob sich „Weihnachtsspaziergang" auf das Handeln des Erzählers bezieht, der dabei die Gänse zu Gesicht bekommt oder ob über den Weihnachtsspaziergang der Gänse berichtet wird.

Die mittlere Zeile lässt offen, ob der Weihnachtsspaziergang gerade auf der schneenassen Wiese erfolgt oder ob nur die Gänse dort beobachtet werden.

Letztlich ist beides möglich, die erste und dritte Zeile werden durch die mittlere gekoppelt, zwischen beiden wird durch sie ein untrennbarer Übergang geschaffen.

Die mittlere Zeile formuliert eine mögliche Aussage sowohl auf die erste als auch auf die dritte Zeile bezogen. Wir haben es mit einer Scharnierzeile zu tun.

Ein weiteres Beispiel ist die Beobachtung eines Arbeitsvorgangs, vielleicht sogar eine eigene Erfahrung im Frühling.

Zur Pappelblüte
den Besen schwingend
im Garten

Im Gegensatz zur einfachen Beschreibung baut die folgende Formulierung einen Spannungsbogen auf, der in der letzten, erklärenden, Zeile in sich zusammenfällt.

Im Garten
den Besen schwingend
zur Pappelblüte

Die letzte Version erlaubt es sogar, zur Pointierung das Wörtchen „zur" wegzulassen. Eine zunächst unauffällige Veränderung, aber ein deutlicher Effekt, der in der ersten Version unmöglich zu erzeugen wäre.

Im Garten
den Besen schwingend
Pappelblüte

Zeilenwechsel einzelner Wörter

Manchmal reicht es aus, nur ein einzelnes Wort in eine andere Zeile zu übernahmen, um dem Haiku eine gefälligere Rhythmisierung zu geben, eine interessantere Dynamik zu erzeugen. Mitunter merkt man erst, wenn man sich sein Werk laut vorliest, dass irgendetwas nicht stimmt.

Es kann auch vorkommen, dass zwei Fassungen entstehen, die man je nach eigener Stimmung von Tag zu Tag unterschiedlich bewerten wird.

Stille im Haus
Schweiß und Hitze
ersehnen Regenrauschen

Zunächst scheinen hier drei Elemente, Stille, Schweiß und Hitze, aufgezählt zu werden, welche eine missliebige Stimmung im Haus beschreiben.

Mit der letzten Zeile wird deutlich, dass die Begriffe der zweiten Zeile nicht zu einer Aufzählung gehören. Die hier genannten Begriffe lösen sich plötzlich aus der Aufzählung und bekommen zusammen mit der dritten eine andere Bedeutung.

Die Übernahme des Wortes „ersehnen“ in die zweite Zeile zerstört den Aufzählungscharakter von vornherein.

Stille im Haus
Schweiß und Hitze ersehnen
Regenrauschen

Durch die Alleinstellung des Wortes „Regenrauschen“ in der dritten Zeile bricht diese damit nahezu malerisch erlösend über uns herein.

Haiku schreiben – ein Resümee

Neulich wurde ich gefragt, wie man einen Haiku-Moment erkennt und wie oft das der Fall ist, wie lange es dauert, ein Haiku zu schreiben. Auf solche Fragen kann man pauschal nur antworten: das ist unterschiedlich, das kommt darauf an ...

Ich habe bereits erwähnt, dass ich das Erkennen von Haiku-Momenten gerne mit den Momenten vergleiche, in denen ich meine Kamera nehmen und einen Schnappschuss machen würde. Menschen, die eher akustisch als optisch orientiert sind, würden möglicherweise die Tonaufzeichnung in ihrem Smartphone starten.

Wichtig scheint es mir, nicht nach Haiku-Momenten zu suchen. Es ist für mich immer schwer, zu einem vorgegebenen Thema ein Haiku zu verfassen. Mir ist aufgefallen, dass es meistens vertane Zeit war, den Versuch zu unternehmen, Haikus auf eine Anforderung hin zu produzieren.

Etwas leichter ist es, wenn man sich an bereits erlebte Momente erinnern kann, die man dann als einen aktuellen Moment beschreibt.

Für mich beinhaltet Haiku-Schreiben Momente der Kontemplation. Aus dem asiatischen Raum ist der Begriff „Achtsamkeit“ in einer ganz bestimmten Bedeutung in unseren Kulturkreis gekommen. Das chinesische Zeichen für den uns so übersetzten Begriff setzt sich aus zwei Bestandteilen zusammen, dem Zeichen für „jetzt“, „heute“, „gegenwärtig“ und dem Zeichen für „Herz“, das auch in der Bedeutung für „Verstand“, „Vorhaben“, „Bestreben“, „Absicht“ benutzt wird.

„Achtsamkeit“ könnte man dann als Begriff für ein „gegenwärtiges Bestreben“, eine „momentane Absicht“ interpretieren. Ich habe im Internet eine sehr eingängige Übersetzung gefunden, Achtsamkeit ist dort „ein von Herzen kommendes Wahrnehmen und Erkennen des Augenblicks“[7]

---

7 www.honpantarhei.com

Auf der zitierten Internetseite wird das folgendermaßen zusammengefasst.

„Achtsamkeit bzw. achtsam zu sein bedeutet, auf eine bestimmte Art aufmerksam zu sein:

- bewusst
- im gegenwärtigen Augenblick
- und ohne zu bewerten“[8]

Damit ist für mich eine treffende Voraussetzung für das Erkennen von Haiku-Momenten genannt: in der beschriebenen Weise Achtsamkeit zu leben.

Das zeigt, dass man an bestimmten Tagen mehrere Ereignisse wahrnehmen kann, die als das Erleben eines Haiku-Moments aufgefasst werden. Aber auch Tage, Wochen können vergehen, in denen man solchen Eindruck nicht verspürt.

Ich denke, ich konnte bislang schon vermitteln, dass für das Umwandeln eines solchen Erlebens in ein Haiku durchaus unterschiedlich viel Zeit vergehen kann.

---

8 Ebd., www.honpantarhei.com

Nicht immer wird man sofort beim Aufkommen des Eindrucks gerade eine Haiku-Situation wahrzunehmen in der Lage sein, diese spontan zu einem Haiku zu verarbeiten. Ich notiere die aufkommende Haiku-Idee stichwortartig dann möglichst schnell, meistens ist das Gerüst des späteren Haikus damit fixiert. Die Fertigstellung einer für mich akzeptablen Fassung kann durchaus einige Tage dauern. Es ist auch gut möglich, dass die Ideenskizze über längere Zeit unbeachtet liegen bleibt oder gar nie zu einem Haiku vollendet wird. Der Augenblick, in dem ich meinte eine Haiku-Situation zu erkennen, ist so verblasst, dass er sich nicht mehr in Worte fassen lässt. Darunter zu leiden gibt es keinen Grund. Ich musste auch lernen meinen Eifer zu besänftigen, dieses Bedürfnis, auf eine gewisse Art produktiv sein zu müssen.

Zum Abschluss schildere ich Ihnen, wie eines Morgens völlig unvermutet, nahezu unvermeidlich, sozusagen ein „Sekunden-Haiku“ entstand.

Während ich diese Zeilen schreibe schmilzt draußen der Schnee der letzten Woche, wir schreiben Februar 2021 und dieser Winter scheint damit zu Ende zu sein. Aber vor ein paar Tagen sah das noch völlig anders aus.

Ich steige also aus der Dusche, ein Blick aus dem Fenster, wirbelnder, heftiger Schneefall, massenweise, und da ist es!

Schneesturm am Morgen
doch er verströmt Sommerduft
mein Deostick

Literaturverzeichnis

1. HAIKU – Japanische Gedichte, hrsg. von Dietrich Krusche, dtv München 1994, ISBN 978-3-423-02336-8.

2. HAIKU – Gedichte aus fünf Jahrhunderten, hrsg. Eduard Klopfenstein und Masami Ono-Feller, Reclam 2017, ISBN 978-3-1501-1116-1.

3. Sommergras 121 – Vierteljahreszeitschrift der Deutschen Haiku-Gesellschaft e.V., BoD 2018, ISBN 978-3-7528-6204-1.

4. Erst im Nachhinein – Neue Cranach Presse Kronach, hrsg. von Ingo Cesaro, 2020 (Anthologie, ohne ISBN).

5. Sommergras 128 – Vierteljahreszeitschrift der Deutschen Haiku-Gesellschaft e.V., BoD 2020, ISBN 978-3-7528-5508-1.

6. www.haiku-hia.com/germany/128.html (HIA-Webseite, Haiku International Association Japan, zuletzt aufgerufen am 16.02.2021).

7. www.honpantarhei.com; (zuletzt aufgerufen am 16.02.2021).

Die Hinweise 3. bis 6. beziehen sich auf Veröffentlichungen von im Text verwendeten eigenen Haikus.

Wolfgang Gründer

Der 1948 geborene Künstler ist Urberliner.

Nach seinem Studium der Physik und Mathematik lehrte er mehr als 45 Jahre in allen Schulformen, auch im Hoch- und Segelschulbereich. Weit mehr als die Hälfte dieser Zeit übte er auch Leitungsfunktionen aus.

Er erwarb dabei ein breites Spektrum an Erfahrungen im Vermitteln von Kenntnissen und Fähigkeiten und im Umgang mit Menschen.

Seinen Ruhestand bereichert er verstärkt durch vielfältig wahrgenommene Aktivitäten in seinen Interessengebieten, die sich vor allem im Umfeld von Fotografieren, Malen, Sprachen, Reisen, Segeln, Kalligrafie und Haikus bewegen.

Rotkiefer Verlag

www.rotkiefer-verlag.de